ORANDO CON NUESTRA MADRE DOLOROSA

Reflexiones sobre los Siete Dolores de María

POR PADRE JACOB POWELL

Nihil Obstat:

Rev. William J. Anton

Censor Librorum

Imprimatur:

Rev. Robert M Coerver

Bishop of Lubbock

January 19, 2023

Diseño del libro por HMDpublishing

ISBN Print Book: 9781960410122

"Cuando llegaron a donde ella estaba, todos a una sola voz la alabaron y dijeron:

—¡Tú eres el orgullo de Jerusalén, la mayor gloria de Israel, el más grande honor de nuestra nación! Con tu mano hiciste todo esto; has hecho un gran bien a Israel; el Señor te ha mostrado su favor. ¡Que el Señor todopoderoso te bendiga eternamente!

Y todo el pueblo añadió:

—¡Amén!"

— Judit 15:9-10

Espero que este libro sirva para mayor gloria de Dios, veneración de mi Santísima Madre del Cielo y salvación de las almas.

CONTENIDO

INTRODUCCIÓN

María dijo una vez a Santa Brígida, una conocida mística del siglo XIV:

> Miro alrededor a todos los que están en la tierra, para ver si por casualidad hay alguno que Me compadezca y medite en Mis Dolores; y encuentro que son muy pocos. Por ello, hija Mía, aunque Yo sea olvidada por muchos, al menos tú no me olvides. Medita en Mis Dolores y participa de Mi dolor en cuanto puedas.

La Santísima Virgen nos invita a reflexionar sobre su vida. Al hacerlo, reflexionamos también sobre la vida de Cristo. Así alcanzamos nuestra plenitud, porque solo en Dios descubrimos la verdadera alegría y la inimaginable recompensa que Él desea para cada uno de nosotros. Puesto que los santos persiguieron a Dios con tanto fervor y sin descanso, nos iluminan el camino "estrecho" hacia el cielo. Sus ejemplos y percepciones revelan Su esplendor y nos inspiran a perseguir la vida del cielo mientras aún estamos aquí en la tierra. Su comportamiento y sus disposiciones se convierten en hojas de ruta hacia el cielo. Cuanto más íntimamente conocemos sus oraciones y escritos, más claramente vemos su vida espiritual abierta ante nosotros. A medida que nos relacionamos con ellos a través de la oración y la lectura, su amor a Dios se hace visible para nosotros. Su amor a Dios es proporcional a la profundidad de su vida interior. Sus penas, alegrías, escritos, milagros y servicio nos permiten entrar más profundamente en su vida interior y explorar nuevos horizontes de la riqueza de la fe católica.

A pesar de lo admirables que son los santos, la Santísima Virgen los supera a todos en su singular amor y devoción a la Santísima Trinidad. Su vida interior es inagotablemente rica y supera a todas las demás. Por eso, Ella sigue siendo el ejemplo perfecto y la Madre a la que debemos encomendarnos para iluminarnos y crecer espiritualmente.

Los Siete Dolores de la Bienaventurada Virgen María son siete ventanas a su vida interior. A pesar de que su amor puro e inmenso va más allá de nuestra comprensión, nos edifican los destellos de su entrega total a la voluntad de Dios. Ella demuestra de la manera más eficaz el amor de Dios por la humanidad y responde a su amor con humildad. El séptuple dolor abre la puerta a su Corazón Inmaculado, permitiéndonos explorar la magnificencia de Dios manifestada más claramente en su vida.

El objetivo de este libro es ayudar a los lectores a descubrir nuevas fronteras en su devoción a la Santísima Virgen. Las reflexiones presentadas iluminan la vida oculta de María, que se encuentra entre las líneas de la Sagrada Escritura y se amplía en la Sagrada Tradición. Porque María es la discípula preeminente de Cristo, sus dolores nos instruyen sobre cómo soportar el sufrimiento y avanzar espiritualmente a partir de ellos. La vida de María es una obra maestra de amor que hace visible la belleza divina de Dios. A través de sus dolores, nos acercamos cada vez más a esa Belleza Divina de la que nuestras almas están sedientas.

Estas reflexiones se basan en gran parte en la obra del Padre Federico Guillermo Faber *The Foot of the Cross, or The Sorrows of Mary*, junto con mis propias oraciones y meditaciones mentales.

Quienes tienen devoción a Nuestra Señora de los Dolores y a los Siete Dolores de María reciben abundantes gracias. San Alfonso identifica cuatro beneficios. Primero, aquellos que, antes de la muerte, invocan a la divina Madre en el nombre de Sus Dolores obtendrán un verdadero arrepentimiento de todos sus pecados. Segundo, serán protegidos en sus tribulaciones y especialmente en la hora de su muerte. En tercer lugar, Cristo grabará en sus mentes el recuerdo de Su pasión y les recompensará en el cielo por su devoción. Por último, Cristo pondrá a estos devotos siervos en manos de María y le concederá las gracias para que haga con ellos lo que desee.

Santa Brígida recibió siete promesas para quienes recen cada día siete Avemarías en honor de los Siete Dolores de María:

1. "Concederé la paz a sus familias".

2. "Serán iluminados sobre los Misterios divinos".

3. "Los consolaré en sus penas, y los acompañaré en su trabajo".

4. "Les daré cuanto pidan con tal que no se oponga a la adorable voluntad de mi divino Hijo ni a la santificación de sus almas".

5. "Los defenderé en sus batallas espirituales contra el enemigo infernal, y los protegeré en cada instante de sus vidas."

6. "Les ayudaré visiblemente en el momento de su muerte: verán el rostro de su Madre."

7. "He obtenido esta gracia de Mi divino Hijo, que aquellos que propaguen esta devoción a Mis lágrimas y dolores serán llevados directamente de esta vida terrenal a la felicidad eterna ya que todos sus pecados serán perdonados y Mi Hijo será su eterno consuelo y alegría."

CAPÍTULO 1:

MARÍA ES ÚNICA

Las Sagradas Escrituras están llenas de tesoros que se descubren con la oración y el estudio. Debido a que son pocos los versículos de la Biblia que mencionan directamente la vida y la experiencia de María, a muchas personas les cuesta reconocer la profundidad de su dolor. En cambio, una mayor profundización en las Escrituras nos presenta a nuestra Madre de un modo nuevo y nos ofrece una imagen más clara de la relación que mantuvo con Jesús. Sus sufrimientos están directamente relacionados con el profundo conocimiento que tenía de su Hijo; una visión distinta de este conocimiento nos proporciona la base a partir de la cual podemos construir una comprensión y un aprecio más precisos de su sufrimiento.

Conocimiento natural

Las madres tienen un profundo conocimiento de sus hijos. Suelen ser las primeras en identificar una diferencia en el comportamiento de sus hijos. Pasan tanto tiempo cuidándolos que se acostumbran a sus sonidos y movimientos ordinarios, que indican su disposición interna. Una madre suele ser la primera en reconocer una enfermedad o un malestar, porque comprende intuitivamente ciertas características y hábitos de sus hijos e hijas más que nadie.

María disfrutaba de esta misma intuición y de mucho más. Ella es la madre perfecta y sin pecado, a la que el pecado no se lo impide. Porque el pecado causa heridas, división y confusión, su alma sin pecado comprende mejor la realidad que la rodea. Ella percibe sin obstrucción los sentimientos y necesidades de Cristo. Ella comprendió Su angustia y confusión a un nivel que supera con creces a cualquier otro.

Conocimiento profético

María no es una madre corriente. Además de su pureza, su Hijo es el Mesías. El Mesías es el "ungido" de Dios que esperaban los israelitas. María es una judía a la que se le habría enseñado acerca de la venida del Mesías. Varias profecías del Antiguo Testamento revelan al Mesías como un Salvador del pueblo de Dios, un rey nacido en Belén.[1] Isaías, gran profeta de los israelitas, describe a un

---

1 "Él [el hijo de David, hablando en última instancia de Jesús] edificará una casa a mi nombre, y yo afirmaré el trono de su reino para siempre." (2 Samuel 7:13. La Santa Biblia. Versión Estándar Revisada; Segunda Edición Católica. San Francisco: Ignatius Press, 2006). "Pero tú, oh Belén Efrata, que eres pequeña entre los clanes de Judá, de ti me saldrá el que ha de ser gobernante en Israel, cuyo origen es desde antiguo, desde los días antiguos". (Miqueas 5:2.)

siervo de Dios que ha de sufrir mucho por la salvación de los demás:

> Mas él herido fue por nuestras rebeliones, molido por nuestros pecados; el castigo de nuestra paz fue sobre él, y por sus llagas hemos sido sanados. Nosotros, como ovejas, nos descarriamos; cada cual se apartó por su camino, y el Señor cargó en él el pecado de todos nosotros.[2]

Además, cuando el arcángel Gabriel reveló a María que iba a dar a luz al "Hijo del Altísimo", que reinaría sobre un reino sin fin, ella comprendió muy bien las numerosas profecías que revelaban Su vida.[3] Sabía que iba a dar a luz al siervo sufriente de Dios. Sabía que sufriría con Él. Aunque María no tuviera perfecto conocimiento de sus pruebas, dio su "fiat", su completa sumisión a la voluntad de Dios con suficiente conocimiento de lo que se le pedía.

Por otra parte, Simeón, sacerdote del templo, reveló directamente a María los sufrimientos que iba a padecer. Le dijo: "Y una espada atravesará también tu alma, para que se manifiesten los pensamientos de muchos corazones..."[4] Muchos creen que en este encuentro le reveló con mucho más detalle la variedad y magnitud de sus sufrimientos.

---

2 Isaías 53:5–6.
3 Lucas 1:28–33.
4 Lucas 2:35.

Maternidad Divina

Al igual que las ramas de un árbol brotan del mismo tronco, así la abundancia de gracias y privilegios especiales de María brotarían de su Maternidad Divina. Dios la eligió desde la eternidad para ser la madre de Jesús. De ella recibió nuestra naturaleza humana. Dios modeló a su Madre con las cualidades, virtudes y gracias propias de su función esencial. Por lo tanto, la Inmaculada Concepción, que afirma que María no tuvo pecado desde el primer momento de la concepción, es lógica y está de acuerdo con la Sagrada Escritura.

Dios detesta el pecado. Puesto que el Hijo de Dios entró en el seno de María, tomó de ella la naturaleza humana y se sometió a ella como hijo obediente, se deduce que esta mujer fue prevenida de la mancha de Adán y Eva. Puesto que ella asume una parte esencial en la salvación de la humanidad con relación directa al nacimiento de Jesucristo, se deduce que permaneció sin pecado incluso en su concepción, no por mérito propio, sino por la benevolencia de Dios. Ella es el vaso a través del cual Dios entra en el mundo en carne humana; por tanto, es el vaso más puro y precioso hecho por Dios y especialmente para Dios.

En el tercer capítulo del Génesis, las Escrituras predicen la destrucción del mal por la "semilla" de la mujer.[5]

---

5 "Pondré enemistad entre ti y la mujer, y entre tu simiente y la simiente suya; él te herirá en la cabeza, y tú le herirás en el calcañar". (Génesis 3:15.)

Este versículo es el primero que profetiza la victoria de Cristo. Según la versión hebrea de este texto, la "enemistad" entre la serpiente y la mujer es una enemistad total. Si María hubiera sido concebida en pecado, habría pertenecido al diablo en ese momento. Ella no tendría esta enemistad total. Esta evidencia bíblica, junto con varios otros pasajes, apoya la Inmaculada Concepción.

María concibió a su Hijo por la sombra[6] del Espíritu Santo. Por su poder, el Hijo de Dios se hizo hombre. Por eso, el Espíritu Santo es el esposo de María. Para el cristiano ordinario, el Espíritu Santo es el dador de los dones divinos. Es el Amigo Divino, el Consolador y Abogado, el "Alfa y Omega de la vida espiritual"[7].... ¿Qué más es Él para su esposa? María está "llena de gracia" por su especial papel de Madre de Dios y su especial relación con el Espíritu Santo.

El Papa Pío IX señaló, de acuerdo con los Padres y Doctores de la Iglesia, que "este singular, solemne e inaudito saludo [salve, llena eres de gracia] mostraba que todas las gracias divinas reposaban en la Madre de Dios y que estaba adornada con todos los dones del Espíritu Santo."[8] Por consiguiente, tiene un conocimiento extraordinario de la vida de su Hijo, abundancia de gracia para alcanzar la cumbre de la santidad y muchas recom-

---

6 "Y el ángel le dijo: "El Espíritu Santo vendrá sobre ti, y el poder del Altísimo te cubrirá con su sombra; por eso el niño que nacerá será llamado Santo, Hijo de Dios"". (Lucas 1:35.)
7 Leen, Edward. *The Holy Spirit.*
8 *Ineffabilis Deus.*

pensas en la vida del más allá. A la luz de la Maternidad Divina, de la Inmaculada Concepción y de los demás dogmas marianos, debemos concluir que María recibió un conocimiento especial y una relación única y profundamente íntima con su Hijo. Esta relación no es superada por ninguna otra criatura.

Unión con Cristo

Si comparamos a María con cualquier otra persona humana, ella es la que más se parece a Cristo. Físicamente, es más parecida a Él porque Él recibe Su Cuerpo de ella. Una parte de su constitución genética procede directamente de ella. En pureza, se parece más a Él porque ninguno de los dos cometió jamás un solo pecado. Ninguno de los dos fue concebido en el pecado de Adán. En el amor, se parecen inmensamente. Se complementan perfectamente. El Sagrado Corazón de Jesús y el Corazón Inmaculado de María son un solo corazón. Por tanto, debemos admitir fácilmente que María debe parecerse más a Cristo en sus virtudes, conocimiento y capacidad de sufrimiento. Esta unidad entre ambos se convierte en fuente significativa tanto de su inigualable alegría como de su terrible dolor.

Los hechos arriba mencionados son solo un atisbo de las varias razones bíblicas y tradicionales bien fundadas para apreciar la vida interior de María. Estas son solo algunas de las razones por las que María no es simplemente una mujer más, sino la discípula de Cristo por excelencia. Cristo honró a su santa Madre, honrémosla también nosotros. Como hijos e hijas suyos, nos enriquecemos al penetrar más profundamente en su alma y descubrir sus ricas virtudes, su insuperable alegría y sus inconmensurables dolores. Alcanzó cimas de santidad inalcanzables para nosotros. A través de una fuerte devoción a Ella, nos ayudará a obtener una abundancia de gracia y virtudes que están más allá de nuestro alcance. Emprendamos este camino de oración con la guía y la ayuda de Nuestra Señora de los Dolores.

CAPÍTULO 2:

FUENTES Y CARACTERÍSTICAS DEL DOLOR DE MARÍA

Antes de explicar cada uno de los dolores de María, articular un conocimiento general de su dolor asegura una mayor apreciación de todo lo que padeció. A través de este conocimiento, la amargura y el alcance de su angustia salen a la superficie. Sufrió inmensamente en su vida terrena por muchas razones, de las cuales solo algunas son evidentes. Las razones de sus penas, tratadas en este capítulo, y las características de esas penas deben ser consideradas en relación con cada dolor individual. Dicho de otro modo, este capítulo se aplica directamente a todos los dolores de María.

FUENTES

La voluntad de Dios

María es la cumbre de las criaturas de Dios junto a la humanidad de Cristo. Ella es exaltada por encima de todas las criaturas, y su gloria en el cielo es mayor que toda la gloria de los ángeles y de los santos juntos. Dios quiso desde toda la eternidad compartir su majestad infinita de manera singular con esta mujer a la que ha dado todos los cielos y la tierra y todo lo que hay en ellos. Sin embargo, su gloria está en relación con sus méritos. Si bien toda recompensa celestial se origina y brota de la pasión de Cristo, María participó en su sufrimiento más plenamente que todos los demás. Por su cooperación con la voluntad de Dios, ella le ha dado más gloria que cualquier otra criatura, aparte de la humanidad de Cristo. Por consiguiente, ella siempre ha recibido el céntuplo por su humilde aceptación de la voluntad de Dios en todas las cosas, y su perfecta sumisión produce una inmensa recompensa celestial.[9]

Uno de los dones más gloriosos que Dios nos ha hecho es el de hacernos partícipes de su gloria. San Alberto Magno dijo: *"Que así como tenemos una gran obligación para con Jesús por su Pasión soportada por nuestro amor, así también tenemos una gran obligación para con María por el martirio que sufrió voluntariamente por*

---

9 "Pero los que fueron sembrados en buena tierra son los que oyen la palabra y la aceptan y dan fruto, treinta veces, sesenta veces y cien veces". (Marcos 4:20.)

nuestra salvación en la muerte de Su Hijo". Habiendo querido que su Hijo fuera el Nuevo Adán, Dios quiso también que hubiera una Nueva Eva. Al igual que Eva desempeñó un papel único y singular en el pecado de Adán, María desempeñó un papel único y singular en la salvación de Jesús a través de su Maternidad Divina y sus sufrimientos. El Padre quiso que este Nuevo Adán y esta Nueva Eva soportaran la fuerza completa del efecto físico, mental y emocional del pecado de desobediencia: la muerte. Ellos experimentaron el horror completo. La muerte de Cristo es la única razón de nuestra salvación; sin embargo, Dios ha tenido a bien permitirnos compartir esa obra salvífica de Cristo.[10]

La muerte de Cristo es plenamente suficiente para la salvación; sin embargo, nuestros sufrimientos nos permiten asemejarnos a Cristo cuando los aceptamos humildemente y los unimos a la pasión de Cristo. El trono de reina y exaltada de María en el cielo indica su total abandono a la voluntad de Dios. La grandeza de su recompensa eterna revela la santidad de su vida.

Amor a Cristo

La medida de nuestro amor por otro es la medida de la vulnerabilidad que tenemos en relación con esa persona. Así, por ejemplo, un marido profundamente enamorado de su mujer se ve afectado más gravemente por su muer-

---

10 "Ahora me alegro de mis padecimientos por vosotros, y completo en mi carne lo que falta a las aflicciones de Cristo por amor de su cuerpo, es decir, de la Iglesia". (Colosenses 1:24.)

te que por la muerte de otra persona. La Virgen no tenía pecado ni impedimento alguno entre ella y Dios. Estaba tan inmaculadamente unida a su Hijo que sentía lo que Él sentía. Su amor no era simplemente el amor natural entre un hijo y una madre, sino casi infinitamente más que eso. Le amaba perfectamente como madre, como cristiana y como sierva. Él lo era todo para ella. No tenía apegos, ni vicios, ni problemas, ni imperfecciones, ni ambiciones que disminuyeran o mancharan su inmaculado amor por Él. Su amor era completo; por lo tanto, sus sufrimientos eran completos.

Los santos dejan claro que el sufrimiento es "la gran semejanza de Cristo". La Virgen tiene una semejanza con Cristo muy distinta de la nuestra, porque lleva los sufrimientos de Cristo de un modo muy íntegro. Ella fue testigo presencial de casi todo lo que Él sufrió, incluso internamente; lo soportó con Él. En los momentos en que no estaba presente físicamente (por ejemplo, en el Huerto de Getsemaní), estaba presente en espíritu. Era imposible para ella no ver los golpes, no oír los insultos y no sentir los tormentos de la pasión de su querido Hijo.

La Inmaculada Concepción

Dado que la Virgen no conoció el pecado en ninguna de sus formas, fue la única enemiga de Satanás y la única sierva de Dios, como no lo fue ningún otro ser humano. Ella es absolutamente única entre nosotros, los pecadores, porque es una isla de pureza y santidad en medio del mar de la humanidad pecadora. Ni un solo momento estuvo separada de Dios. Siempre y en todo momento de su existencia, Él encontró en ella un alma verdaderamente agradable y preciosa para Él. Nuestra pecaminosidad nos insensibiliza ante el pecado y el dolor. Su pureza y su amor perfecto no hacen sino agudizar exponencialmente los dolores.

Maternidad Divina

Dios ha querido que esta mujer sea nuestra madre. Al igual que cualquier buena madre experimenta y soporta el dolor de sus hijos, con mayor razón, esta madre perfectísima se adentró en las profundidades del sufrimiento humano al cumplir su amado papel de Madre del Salvador. "Ella vivió en Su Corazón más que en el suyo propio. Sus intereses eran los suyos. Sus disposiciones se convirtieron en las suyas. Pensaba con Él, sentía con Él y, en la medida de lo posible, se identificaba con Él. Vivía solo para Él. Su vida era su instrumento para hacer con ella lo que Él quería".[11]

Algunos se preguntarán: "¿Por qué Cristo no la perdonó?". Porque la amaba entrañablemente. Los sufrimientos de ella le permitieron estar aún más íntimamente unida a Cristo, compartir más plenamente Su muerte y Resurrección, y experimentar continuamente las perfecciones de la gloria superior en el cielo para siempre. Él la amaba demasiado como para prohibirle compartir de

---

11 Faber, *The Foot of the Cross, or The Sorrows of Mary*, 66.

manera única las profundidades de Su dolor en la tierra, lo que le permite compartir de manera única las alturas de Su gloria en el cielo.

Fuente de dolor para Cristo

Aunque Nuestra Señora nunca cometió un pecado que aumentara el tormento de nuestro Salvador, sabía que era una fuente de inmenso sufrimiento para Él. El amor de Nuestro Señor por Ella sobrepasa con mucho el amor que Él siente por cualquier ángel y por cualquier santo. Solo Cristo conocía la inmensidad de los dolores de la Virgen entre la humanidad. Solo Él conocía la inmensidad de los sufrimientos de la Virgen en medio de la humanidad. Los sufrimientos de la Virgen se añadieron a los sufrimientos de Cristo. Como lo conocía tan íntimamente, la comprensión de que ella también se sumaba al peso de su cruz le traspasó aún más el alma.

El Padre Faber reflexionó:

No había nueva indignidad que se le ofreciera, que no le traspasara el alma y la hiciera sangrar interiormente. Mientras se multiplicaban los golpes y las blasfemias, los insultos, las burlas y los malos tratos, parecía a cada nueva violencia como si no pudiera soportar más, como si el mar del dolor no necesitara más que otra gota para irrumpir en las fuentes de su vida y lavarlas en una inundación terrible. Y, sin embargo, debía sentir que la vista de su corazón quebrantado, siempre delante de Él, era más terrible para nuestro Bendito Señor que la flagelación, la coronación, el escupitajo o los azotes. Ella fue hecha como ejecutora-en-cargo de su propio Hijo amado.[12]

La Virgen fue un tesoro de dulzura para el Señor en su camino terreno, en el que estuvo rodeado de nuestros pecados e imperfecciones. En ella encontró consuelo y verdadero deleite; sin embargo, la ve absolutamente atormentada. Mientras la Virgen anhela socorrernos, enjugar nuestras lágrimas y consolarnos en el dolor, no pudo hacer esto por su propio Hijo en el momento de su necesidad.

Pecado

A varios santos se les ha dado la capacidad de experimentar la fealdad del pecado desde una percepción mucho más cercana a la de Dios que a la nuestra. Algunos cuentan que el hedor de cada pecado mortal podría exterminar a todo ser viviente sobre la tierra. Según otro, el horror de un solo pecado venial era tan grande como para causar la muerte si Dios no hubiera intervenido. La Virgen conocía bien el terror y los males del pecado. Ella conocía mejor que nadie la verdadera repugnancia del pecado. Vio cómo Nuestro Señor era atormentado por los innumerables pecados de la humanidad. Cuanto más inocente es la víctima, mayor es el pecado. Nadie es más inocente que Cristo. ¡Ella fue testigo de una maldad extrema, de una

---

12 Faber, *The Foot of the Cross, or The Sorrows of Mary*, 50.

maldad inimaginable, mientras la humanidad destrozaba ferozmente a nuestro Creador y Redentor del mundo!

El estado de sus hijos

Ella desea lo que Dios desea; Ella ama a quien Dios ama. Por ello, ver el estado de ingratitud e inmoralidad de la humanidad provocó un desgarro más profundo en el fondo del Corazón de la Virgen. Sus hijos son los lobos rapaces que causan a Cristo niveles desconocidos de sufrimiento. ¡Cuánto sufrió Ella al ver nuestro estado de depravación! Cada pecado aumentaba el peso de la cruz de su Hijo y ensanchaba la distancia entre el pecador y el Redentor.

Características de los Dolores de María

Consistencia

Los dolores de María fueron constantes en dos sentidos. Al menos desde el momento de la profecía de Simeón, pero probablemente desde el primer momento de la Encarnación, la Virgen soportó sobre sí una sombra consistente de sufrimiento. Como ya hemos dicho, tuvo conocimiento de las Sagradas Escrituras, que se referían al sufrimiento del Mesías. Por consiguiente, habría vivido bajo la sombra constante de la pasión de su Hijo inocente.

Sus dolores también fueron constantes en su aumento. Ella crecía constantemente en santidad y amor a Cristo.

Su capacidad de sufrimiento aumentaba en relación con su creciente amor.

La Pasión no fue una oscuridad de una vida brillante, ni un oscuro ocaso tras un día accidentado y luminoso de penumbra, ni una tragedia aislada en sesenta y tres años de vicisitudes (cambios) humanas comunes. Formaba parte de un todo con antecedentes consistentes, una certeza cada vez más profunda de la oscuridad, pero una porción de una oscuridad de toda la vida que durante años no había conocido, al menos en este aspecto, ninguna luz.[13]

El Padre Faber no pretende decir que María no tuvo alegría en su vida. Tuvo una alegría inmensa, que no se excluía mutuamente de su dolor. Su alegría aumentaba a medida que sufría, porque su lucha era un medio para una mayor santidad. Sus penas se convirtieron en el camino por el que se conformaba cada vez más a Cristo. Asemejada a Cristo, produce una alegría interior e inestimable que no impide el sufrimiento humano.

Más bien, el Padre Faber refuerza la noción de que el dolor de María estuvo presente en ella sin tregua durante muchos años. Su notable vida de oración y la pureza de su corazón la mantuvieron centrada en Dios en todo momento. Esta ininterrumpida meditación y sensibilidad a la presencia de Dios le permitió una mayor familiaridad con los inminentes sufrimientos de Cristo. Su familiaridad con Su pasión la hizo muy consciente de la magnitud

---

13 Faber, *The Foot of the Cross, or The Sorrows of Mary*, 64.

y variedad del dolor que acompañaría esos pocos días que llevaron a la sepultura de su Hijo.

Interior

María sufrió físicamente de diversas maneras a lo largo de su vida. Pero la fuerza de sus sufrimientos fue en gran parte interna, mental, en lo más profundo de su alma. Generalmente, esta forma de sufrimiento se considera mayor que el sufrimiento físico. Desde el punto de vista físico, la angustia se experimenta en una zona concreta del cuerpo. Sin embargo, la angustia interior puede experimentarse en muchos grados y muchas formas simultáneamente. Santa Bernardina de Siena decía: "Tan grande era el dolor de la Santísima Virgen que, si se subdividiera y repartiera entre todas las criaturas capaces de sufrir, perecerían al instante." Esto solo es posible por el poder de Dios. Ella fue atormentada emocional, espiritual, mental y de otra manera en cada uno de sus siete dolores.

A pesar de que estas fuentes y características de los dolores de María simplemente nos informan del verdadero valor y la enormidad de su tormento, ella lo abrazó todo. Nunca se consideró a sí misma ante una sumisión total a la voluntad de Dios. La Santísima Virgen nunca contó el costo de su perfecto amor a Cristo. Aunque le costó todo, humildemente entregó todo. Nunca se entregó parcial o imperfectamente en ninguna de sus pruebas. Abrió una y otra vez su corazón, mientras en él se clavaba una espada de amarga angustia.

EL PRIMER DOLOR:

LA PROFECÍA DE SIMEÓN

Según la ley prescrita a los israelitas, un niño varón debía ser presentado en el templo cuarenta días después de nacer con un sacrificio que lo acompañaba. El niño era dedicado a Dios a través de esta presentación. Generalmente, en ese momento se ofrecía un cordero o un sacrificio similar. Para los pobres, se podían ofrecer dos tórtolas en lugar de un cordero. A pesar de que José y María ofrecieron dos tórtolas desde su pobreza, trajeron a Jesucristo, el Cordero de Dios, que finalmente sería la víctima perfecta sacrificada por el mundo. La Virgen es la primera en ofrecer al Padre un don perfectamente digno: su propio Hijo. Ella sabía que esto era entregarlo a la voluntad del Padre. Aunque procede de Ella, pertenece al mundo entero.

Al ofrecer a su Hijo en el templo, se sometía una vez más a los deseos de Dios, hasta el punto de ofrecer a Jesús a la muerte. Cristo sufrirá en la cruz, y María no será un obstáculo entre Él y la voluntad del Padre. Sufrirá con Él. "Una cruz es una corona comenzada. El sufrimiento es más querido para los santos que la felicidad".[14] En esta presentación, refuerza la entrega absoluta de sí misma que dio en la Anunciación: "Hágase en mí según tu palabra".[15] No retiene nada para sí y no retrocede ni siquiera por un momento de respiro. "Por un momento, su voluntad fue visible en el misterio de la Anunciación y luego se sumergió en la voluntad profunda de Dios y nunca más fue vista".[16] Ella reveló su voluntad de obedecer a Dios en todas las cosas con sus palabras en la Anunciación; manifestó su voluntad en sus acciones durante el resto de su vida.

Por su entrega total, María es modelo para todos los cristianos, pero también por la entrega de su Hijo al Padre. Todos los dones que recibimos pertenecen a Dios. Todo lo que somos, excepto nuestro pecado, viene de Dios y debemos devolvérselo. El Padre ofreció el don más precioso de su propio Hijo a la humanidad. María es la primera de nosotros que se lo devuelve al Padre.

Desde ese momento, la Virgen pudo ver el germen de la muerte de Jesús en sus cuidados cotidianos. Cuántas veces se acordó de los sufrimientos que Él iba a padecer. Quizás el trabajo con la madera le producía la imagen de la cruz; quizás beber de una copa le recordaba el cáliz de muerte del que Él bebería; quizás un rasguño le recorda-

14 Faber, *The Foot of the Cross, or The Sorrows of Mary*, 106.
15 Lucas 1:38.
16 Faber, *The Foot of the Cross, or The Sorrows of Mary*, 128.

ba la flagelación. Cuando le cogió la mano, ¿sintió ya los clavos? Cuando le besó la cabeza, ¿veía ya los chorros de sangre que brotaban de la corona de espinas?

Algunos de los primeros padres están de acuerdo en que la profecía de Simeón fue escrita en taquigrafía. Le explicó muchos de los detalles de la pasión del Señor cuando profetizó la espada que atravesaría su alma.[17] Tal vez lo que no sabía ya en virtud del conocimiento sobrenatural de Dios, se lo dijo el santo sacerdote en el templo. El Padre Faber señala: "Ella no podía ver ni a la derecha ni a la izquierda de aquella aparición, que como una puesta de sol de color rojo sangre, ocupaba todo el campo de visión."[18] Cada día de Su vida era otra oleada de su muerte, que reabría las heridas ya hechas en lo más recóndito de su alma; sin embargo, ella amaba, servía y soportaba aún más. Su dolor estaba oculto al mundo, pero siempre ineludiblemente presente para ella. Su vida entera era este joven cuya muerte inminente estaba cada vez más cerca.

Las ofensas que sufrimos a manos de otros se convierten fácilmente en resentimiento y odio. Con frecuencia, nuestro amor se enfría y nuestro corazón se endurece cuando los demás nos causan dolor. La Virgen Santa no sucumbió a esa debilidad. A pesar de que se dio cuenta

---

17 "Y Simeón los bendijo y dijo a María su madre: "He aquí que este niño está puesto para caída y levantamiento de muchos en Israel, y para señal contra la que se habla (y una espada atravesará también tu propia alma), para que sean revelados los pensamientos de muchos corazones""". (Lucas 2:34-35.)
18 Faber, *The Foot of the Cross, or The Sorrows of Mary*, 107.

de que muchos rechazarían un día a este santo hijo suyo, nunca permitió que este tormento se convirtiera en ira. Su amor sobrenatural por Dios se transformó en una compasión maternal por toda la humanidad. Jamás dejó de rezar por la conversión de quienes participarían en la muerte del Cordero de Dios. Cada uno de nosotros, pecadores, ha contribuido a la pasión de Cristo. Cada uno de nosotros, pecadores, es amado inmensamente por la Madre de Cristo.

REFLEXIÓN

¿Hacemos sacrificios a Dios con poco o mucho amor? ¿Hasta qué punto es especial y valioso para nosotros el don que ofrecemos a Dios? ¿Odiamos el pecado?

¿Nos hiere el pecado ajeno por la injusta ofensa que supone para Dios?

¿Nos dedicamos sinceramente a desarraigar de nuestra vida hasta el más pequeño de los pecados?

¿Hacemos de nosotros mismos una ofrenda a Dios en cómo usamos nuestro tiempo, talentos y tesoro?

¿Rezamos bien y con frecuencia?

¿Reconocemos la oración como nuestro remedio, nuestra medicina, nuestra fuerza, nuestra arma, nuestro refugio de paz y nuestra respuesta a la cuestión de la oscuridad?

EL SEGUNDO DOLOR:

LA HUIDA A EGIPTO

La pobreza de la Sagrada Familia se experimenta probablemente más en este sufrimiento que en otros. Cristo nació en un establo, pero ahora tienen incluso menos que un establo. En aquellos días era difícil recorrer una distancia tan larga con muy pocos preparativos. Probablemente tenían poca o ninguna comida, abrigo o provisiones para aliviar sus penurias. Debió de ser una sorpresa despertarse en medio de la noche y huir de su propia tierra, especialmente para un grupo tan pequeño: un hombre, una mujer y un niño pequeño. El frío, el hambre y lo desconocido pueden haber pesado profundamente en el corazón de María. Sin embargo, éstas son las más fáciles de sus pruebas.

A pesar de que la Virgen confía perfectamente en Dios, es muy posible que sufriera por San José, cuyo trabajo consistía en asegurar y atender las necesidades de su esposa y de su hijo. Las penas de María nunca enturbiaron su inclinación a acompañar con empatía a los demás en su turbación. Ella amaba mucho a su esposo y procuraba ayudarle a cumplir sus obligaciones para con la Sagrada Familia. Si el peso de sus obligaciones pesaba sobre él, también lo hacía sobre ella.

La Sagrada Familia no solo abandona su hogar y su cultura, sino también su lugar de culto. Dejan atrás el templo, el lugar de la adolescencia de María, donde creció en conocimiento y santidad, el lugar del sacrificio y la adoración a Dios. Sin embargo, ella huyó con el Nuevo Templo, el Cuerpo de Cristo. Qué sufrimiento debió experimentar la Virgen, sabiendo que Dios Todopoderoso no era aceptado ni siquiera entre los suyos. ¿Cuántos años preparó Dios a los israelitas para que reconocieran al Mesías? En lugar de ser aceptado y exaltado, el Mesías es perseguido por el rey Herodes y los que están a su cargo. Herodes tiene sed de dar muerte al Creador de la vida.

Al hacerse hombre en la encarnación, Dios coronó a la humanidad uniéndola a su divinidad. El hombre intenta destruir, sin comprender el pleno efecto de sus actos, la parte más hermosa de toda la creación: la humanidad de Jesús. Esto debió de ser para la Virgen una revelación duradera y profunda de la atrocidad del pecado. ¿Quién podría querer hacer daño a este niño tan especial? Ella comprendió mejor que nadie el valor de su vida y la sabiduría del plan de salvación de Dios. Su amor por Cristo crecía cada día, lo que solo permitía que los malos deseos del hombre calaran más hondo en su corazón sin pecado.

La Santísima Virgen se inundó de dolor al darse cuenta del tormento de las madres que perdieron a sus primogénitos en Belén. La Sagrada Familia huyó del terror de Herodes, que quería matar al Rey de Reyes. Independientemente de los muchos kilómetros que las separaban del infanticidio, María oyó los gritos de aquellas madres y sintió su devastación. Su tormento no era más que un presagio de su inminente perjuicio. Estos niños, llamados los Santos Inocentes, fueron los primeros en perder la vida por odio a Cristo.

Una antigua tradición piadosa relata una historia sobre el viaje a Egipto. La Sagrada Familia se refugió una noche en una cueva de ladrones, donde se encontraron con una mujer y su hijo leproso. Después de que la mujer diera agua a la Santísima Virgen para bañar el Cuerpo infantil de Cristo, utilizó la misma agua en su hijo leproso, y éste quedó curado de su lepra. Este niño era Dimas, el ladrón arrepentido que fue crucificado con Cristo. Al igual que el agua limpió su lepra del cuerpo en la infancia, la Sangre de Cristo limpió la lepra de su alma en la edad adulta. Aunque la historicidad de esta historia es incierta, ofrece un ejemplo de la belleza poética de la providencia de Dios.

Como la Sagrada Familia huye de su pueblo y de su tierra, Cristo es criado en una tierra pagana. Esta era la tierra de la que Dios liberó a los israelitas de la esclavitud, el hambre, el peligro y la muerte. En lugar de criar a Jesús en la tierra que Dios prometió a sus antepasados, tienen que vivir en la tierra en la que sus antepasados trabajaron durante cuatrocientos años de esclavitud. Todos a su alrededor no reconocen al Único Dios Verdadero. Están rodeados de adoradores de ídolos mientras Dios camina entre ellos.

La indiferencia de los egipcios hacia Jesús fue sin duda una angustia aguda y oculta para María. ¿Cuántas veces olió el incienso o la carne quemada ofrecidos a un falso dios mientras llevaba en sus brazos al Todopoderoso? ¿Cuántos dioses de barro y de piedra fueron objeto de la alabanza de los egipcios mientras el Dios vivo pasaba oculto en carne humana? Está claro que su sufrimiento no se limitó a la huida, sino a toda su estancia en Egipto. Se desconoce la duración de esta estancia. Algunos piensan que dos años; otros dicen que muchos más. En consecuencia, también se desconoce la duración de este dolor.

Únicamente el crecimiento en santidad nos ayuda a vislumbrar la profundidad de su sufrimiento causado por los pecados y la indiferencia del pueblo contra su Hijo. A medida que avanzamos espiritualmente y gozamos de un amor más ferviente por Dios, también nos volvemos más sensibles a todo pecado contra Él. La santidad única de María aumentó su sensibilidad ante cada pecado que presenciaba. Ella observó al Salvador como un marginado entre las personas que Él deseaba salvar. No solo vio, sino que sintió la indiferencia con la que le trataban. Por eso sigue rezando para que sus corazones se ablanden y sus almas se conviertan.

REFLEXIÓN

¿Confiamos en Dios?

¿Nuestras penas, decepciones y luchas nos alejan fácilmente de la paz que Dios ofrece?

¿Es lo desconocido una fuente de mayor confianza o una fuente de tentación para nosotros?

¿Creemos realmente que Dios no nos da más de lo que podemos manejar y que Él provee para todas nuestras necesidades?

¿Nos ofende más una ofensa contra nosotros mismos o una ofensa directa contra Dios?

¿Somos capaces de dejar a un lado nuestra confusión para ayudar a otros en su confusión?

¿Deseamos la salvación de los demás?

¿Nos esforzamos en nuestra propia vida espiritual y en el mundo que nos rodea para ayudar a los demás en su relación con Dios?

A medida que crecemos espiritualmente, encontramos otros defectos, tentaciones más fuertes y más dificultades. Esto solo debería contribuir a nuestra continua santidad.

EL TERCER DOLOR:

TRES DÍAS DE PÉRDIDA

Los hombres de Israel debían acudir a Jerusalén tres veces al año a diversas fiestas religiosas para cumplir con las leyes judías de culto. Puede que María y Jesús solo acompañaran a José en la fiesta de los Panes sin levadura. Esta fiesta se corresponde con nuestra Pascua, la fiesta más importante del calendario litúrgico. Estos viajes se hacían a menudo en caravanas por razones de seguridad y comodidad.

El tercer dolor de María se refiere a un período de tres días en el que Jesús permaneció en Jerusalén mientras María y José emprendían el viaje de regreso a Nazaret. Aunque puede parecer imposible que un hombre y una mujer que aman entrañablemente a su hijo emprendan un viaje sin conocer su paradero, un contexto histórico más amplio aclara la separación. Una posibilidad de su desaparición tiene que ver con la estructura de estas caravanas. Los hombres y las mujeres viajaban en la misma caravana, pero por separado. Los hombres viajaban con los hombres, y las mujeres con las mujeres. Por lo tanto, María y José pueden haber tenido la impresión de que Jesús estaba con el otro. Sea como fuere, lo cierto es que Dios permitió este suceso por el que María se vio inmersa en una gran agonía.

Toda madre desea estar cerca de su hijo; toda discípula desea estar cerca de su maestro. En un solo instante de realización, la Santísima Virgen se quedó sin su Hijo perfecto y sin su maestro supremo. La ausencia de Jesús fue para ella la ausencia del aliento. Este dolor es considerado a menudo por los autores espirituales de antaño como el más doloroso para María en cierto sentido. Su penetración en la vida interior de Cristo era insuperable. A medida que crecía espiritualmente, su visión se hacía más clara. Sin embargo, la luz de su claridad se vio eclipsada por el tormento de la confusión en este dolor.

Ella no comprendía cómo ni por qué había sucedido esto. ¿Qué tumultuosos eran sus pensamientos mientras viajaba ansiosamente de vuelta a Jerusalén y recorría la ciudad en busca de Cristo? ¿Dónde estaba? ¿Por qué había desaparecido? ¿Había hecho algo malo? ¿Se acercaba tan pronto su muerte? ¿Había vuelto al Padre antes de la redención del hombre? ¿Volvería a ella? Sin comida ni descanso, María y José buscaron al Salvador.

Probablemente, el elemento más doloroso de este dolor fue que Jesús eligió quedarse atrás. Sabiendo el tormento que les causaría, permaneció en Jerusalén para ayudar a los necesitados, mendigar pan y conversar con los eruditos en el templo. Nuestro Señor eligió no decirles ni una sola palabra ni enviar un ángel para informarles. Permitió que se sumieran en la duda y la oscuridad cuando podía haberlo evitado. Pese a toda su gracia y sus conocimientos, María fue arrojada a las tinieblas de la confusión y de lo desconocido. Sin embargo, lo aceptó todo. Hágase la voluntad de Dios. Esta distancia entre ella y Jesús obliga a María a experimentar el efecto del pecado. La separación de Dios es un efecto directo del pecado. Si bien María no cometió ningún pecado, no por ello dejó de sufrir sus efectos. Ella siempre estuvo en perfecta unión con Dios gracias a la gracia que recibió en su concepción y a su manera intachable de vivir. Nunca probó el fruto de la desobediencia como Eva, pero sí sus efectos. María muestra una semejanza con Cristo, porque Él también soportó intachablemente estos efectos, aunque permaneció puramente inocente.

Finalmente, tras días de incansable viaje e incesante búsqueda por toda Jerusalén, la Virgen oye la voz de su Salvador y vuelve a ver su rostro. Este momento trajo un maremoto de alivio a su atribulada mente. Sin embargo, la respuesta de Nuestro Señor a su pregunta no hizo más que reavivar esa angustia recién aliviada. Cuando ella le preguntó por qué les había hecho esto, Él respondió: "¿Cómo es que me buscabas? ¿No sabías que yo debía estar en la casa de mi Padre?".[19]

---

19 Lucas 2:49.

El Padre Faber señala:

Él [Jesús] ha sacado la espada de Simeón [de su corazón] y ha clavado la suya. ¿Por qué lo había buscado María? ¡Oh, piensa en Belén, el desierto, Egipto y Nazaret! ¿Por qué lo había buscado? ¡Pobre Madre! ¿Habría podido hacer otra cosa que buscarlo? ¿Cómo habría podido vivir sin Él? Había mil razones para buscarlo. ¿Le niega Él sus derechos? ¿Está a punto de quitárselos, y justo, además, para encontrarlo? ¡Derechos! Se los había dado Él mismo. Podría retirárselos si quisiera. Pero su carne, su sangre, su corazón palpitante, ¿no eran en cierto sentido suyos? No. Más bien eran de Él.[20]

---

20 Faber, *The Foot of the Cross, or The Sorrows of Mary*, 221.

REFLEXIÓN

¿Hasta qué punto sentimos la distancia que nos separa de Dios?

El pecado mortal causa una verdadera y completa separación; ¿corremos incesante e incansablemente hasta encontrar un confesionario?

¿Estamos llenos de ansiedad, tristeza y preocupación hasta que seamos restaurados a Cristo?

¿Hasta qué punto sentimos la distancia causada por nuestros pecados veniales e imperfecciones?

Somos capaces de alejarnos lenta y casi imperceptiblemente de Cristo por nuestro apego a los placeres mundanos. ¿Hasta qué punto vigilamos nuestra vida espiritual?

¿Cuánto nos esforzamos por superar nuestros defectos, vicios y apegos?

Cuán peligrosos son éstos porque podemos empezar a sentirnos satisfechos con lo que el mundo nos ofrece. Un peligro real en la vida espiritual es buscar satisfacción en cualquier cosa o persona que no sea Dios. En verdad, debe ser una ofensa escandalosa para Dios cuando tenemos apegos porque, de alguna manera, disminuimos la manifestación de la gloria infinita de Dios al compararlo con alguna cosa finita o alguna persona humana.

EL CUARTO DOLOR:

EL ENCUENTRO CON JESÚS EN EL VÍA CRUCIS

A pesar de que este dolor puede parecer igual a cualquier otro momento de la pasión de Nuestro Señor, la Iglesia lo ha seleccionado intencionadamente. En el momento en que María y Cristo se encuentran en el camino hacia la cruz, se sufre toda una vida de angustia. El tiempo debió de detenerse para ellos. La cantidad de amor mutuo, de conocimiento mutuo, de comprensión mutua, de entrega mutua y de resolución mutua debió de ser inexpresable. ¿Cuántas veces habían previsto ambos esta pasión en sus oraciones y meditaciones personales? Por fin llegó, y ella descubrió que el dolor no disminuía por haberlo previsto.

¿Cuántas blasfemias, cuántos ultrajes, cuántos abusos, cuánta tortura, apatía y maldad rodeaban a su Hijo?

Ni todo el amor y la perspicacia que poseía la Virgen le permitían captar plenamente el esplendor de Dios; sin embargo, allí estaba Él, objeto de tan horrenda inhumanidad. Santa Catalina de Génova tuvo que ser sostenida por Dios para no morir cuando Dios le permitió ver la verdadera malicia de un solo pecado venial. Jesús cargó con el peso de todos los pecados. El Corazón Inmaculado fue traspasado por cada sílaba y cada acción de pecado contra Su Majestad. ¿Cuántas veces puede ser traspasada una sola alma? ¿En cuántos pedazos puede romperse un corazón antes de que deje de latir?

El Sacratísimo Corazón de Jesús y el Inmaculado Corazón de María están tan unidos que es más propio considerarlos como un solo corazón. De ahí que, en este encuentro entre ellos camino de la cruz, cada uno pudiera ver ante sí su propio corazón. Ambas estaban asoladas por el dolor, ambas llevaban una cruz casi insoportable, ambas estaban en los niveles más profundos del sufrimiento; sin embargo, este encuentro aumentó su dolor.

El sufrimiento de la Virgen llegó al máximo, sabiendo que Ella era, en aquel momento, una de las mayores causas de Su sufrimiento. El conocimiento por parte de Cristo de la profundidad de su dolor fue un tormento excesivo que aumentó enormemente su agonía.

El Padre Faber anota:

Y ¡he aquí! Ella era uno de los números [uno de los que añadían al peso de la Cruz de Su Hijo, no por sus pecados sino por la vista de sus propios sufrimientos]. Ella estaba añadiendo a Su carga. Ella estaba más que duplicando el peso de la pesada cruz que Él llevaba. La visión de su rostro en la esquina de aquella calle había sido mil veces peor que la terrible flagelación en la columna. Fue su rostro el que lo había arrojado al suelo en aquella tercera caída.[21]

Como nos enseñó el tercer dolor, allí donde estaba Cristo, tenía que estar la Virgen. ¿Cómo no iba a buscar a Cristo esos tres días de su ausencia, y cómo no iba a estar cerca de Él en sus horas más difíciles de sufrimiento y muerte? Independientemente del sufrimiento que surgió de este encuentro, ella no se ausentaría de su Salvador. Le permitiría una vez más mirar dentro de su alma, esta isla de santidad en medio de un abismo de pecado. Ella la seguiría a cualquier forma de terrible tormento en la que Él entrara.

Otro aspecto de su dolor es su incapacidad para consolarle mientras otros con malas intenciones se acercaban para hacerle daño. La carne que flagelaron salió de su vientre; la Sangre que derramaron se formó en su cuerpo; el rostro que golpearon fue el rostro del que apenas pudo soportar apartar la mirada durante más de treinta años. La angustia ahogaba su alma por los crímenes de los que perseguían a Jesús. Tanto deseaba su salvación, la de aquellos cuyas sandalias pisaban la Sangre de su Hijo,

---

21 Faber, *The Foot of the Cross, or The Sorrows of Mary*, 282.

cuyas palabras eran como jabalinas para su corazón. Incluso entonces, y aún más, persiguió su salvación.

Este es el primer dolor que la Virgen afronta sin el apoyo y la presencia de San José. ¡Qué consolador fue este hombre humilde, cariñoso y santo para el corazón sufriente de la Virgen durante tantos años! Fue una roca de piedad y humildad que la consoló lo mejor que pudo. La realidad de su fallecimiento se hizo sentir tal vez con mayor intensidad que en el momento en que expiró.

Por último, solo la Virgen podía comprender y apreciar la aguda agonía que desgarraba el Sagrado Corazón de su Hijo como consecuencia de la ausencia del apóstol. Juan estaba allí, pero ¿dónde estaban los demás? Aquel afilado cuchillo cortó tan profundamente el Sacratísimo Corazón y, en consecuencia, partió también el Corazón Inmaculado. ¿Cuántas veces intentó la Virgen apartar a Judas del camino del pecado? Ella perdió a uno de sus pequeños a manos del enemigo, la antigua serpiente cuya enemistad con María fue predicha desde antiguo. Jesús no es el primer hijo que perdió. Judas abandonó a Dios, traicionó a su Hijo y rechazó ostensiblemente el arrepentimiento. Estas realidades accesorias no añadieron poca cantidad a su dolor porque no añadieron poca cantidad al peso de la cruz de Cristo. El Hijo de Dios descendió de Su trono celestial para encontrar a Sus ovejas perdidas. Algunos se niegan obstinadamente a ser encontrados.

REFLEXIÓN

¿Con qué rapidez estamos dispuestos a ausentarnos de nuestro Salvador a causa del sufrimiento?

¿Cuánto dolor nos causa pecar contra Él cuando nos damos cuenta de que somos la fuente de Su sufrimiento?

¿El camino que recorremos actualmente nos conduce a una mayor santidad? ¿O debemos reconocer honestamente que somos menos virtuosos y menos santos que el año pasado o el anterior?

¿Llevamos bien nuestra cruz?

¿Con qué rapidez nos quejamos de su peso o de la duración del viaje? María no buscó disminuir su dolor; buscó agradar a Dios y salvar almas a través de sus penas. No lo olvidemos, somos causa del dolor de la Virgen porque somos causa de la pasión de Nuestro Señor.

El Padre Faber observa:

Así, el cuarto dolor contiene en sí toda la ciencia y el misterio de llevar la cruz. He aquí la sabiduría que aprendemos del cuadro mientras contemplamos a María en las calles de la Jerusalén cruel. El ojo de su alma ve al Niño rubio en el Templo, a quien buscó hace más de veinte años, mientras que su ojo corporal está fijo en el Hombre pálido, sangrante y manchado de tierra, que va a su perdición con el sonido de la trompeta y el coro de la maldición de la tierra. Y nosotros, que le dimos aquella pesada cruz para que la llevara, y seguimos pesándola después de habérsela dado, como si nuestra crueldad no estuviera satisfecha, ¿nos negaremos a llevar las dulces cruces dadoras de gracia que Él nos ata, tan pequeñas también que, cuando las hemos llevado durante un tiempo, nos vemos obligados a confesar que son [en verdad tan pequeñas]? ¡Oh, no! Hagamos ahora como hizo entonces María: miremos a Aquel que está en el camino ante nosotros y veamos cómo la belleza del Sagrado Corazón se asienta con mansa majestad y atractivo amor sobre el rostro afligido y desfigurado.[22]

---

22 Faber, *The Foot of the Cross, or The Sorrows of Mary*, 320–321.

EL QUINTO DOLOR:

LA CRUCIFIXIÓN Y MUERTE DE JESÚS

La escena de la crucifixión presentaba sorprendentes similitudes y disimilitudes con el nacimiento de Cristo. Fue acostado sobre la madera de un pesebre en un lugar llamado la "casa del pan": Belén. En la crucifixión, fue depositado sobre la áspera madera de la cruz para ser el Pan de Vida para todos. De niño, estuvo desnudo y fue vestido por María; ahora fue despojado de las vestiduras que ella le hizo. Ella lo coronó con sus besos; ellos lo coronaron de espinas. Dios se hizo vulnerable y se ocultó en la carne de un niño inocente; la gloria de Dios se oculta en la carne desgarrada de un criminal acusado. En Belén, hasta los animales reconocieron su majestad; en la crucifixión, hasta el sumo sacerdote exigió su muerte. La Virgen honró las manos y los pies del Señor en el pesebre. Ahora, sus manos y pies están atravesados por clavos y clavados en la cruz del Calvario.

Cada vez que el martillo hacía contacto con el clavo, una nueva oleada de dolor bañaba el corazón de María. Cada gemido del clavo resonaba en su alma. Cada golpe enviaba una frecuencia de angustia absoluta a través de Su Cuerpo. El Padre Faber señala que la caída del martillo no fue un solo acontecimiento; más bien, cada golpe del clavo fue un "martirio separado."[23] Habiendo hecho previamente agujeros en la madera que estaban más separados que la envergadura de Cristo, tuvieron que estirarle tirando de una cuerda hasta que el sonido de su hombro dislocado fue oído por todos los reunidos.[24] Aquellos eran los brazos que la abrazaban y las manos que la servían. ¿Cuántas veces lo había visto curar enfermedades y quitar penas con el toque de sus manos? ¿Cuántas millas caminó con Él mientras Él agotaba Sus pies en pos de las almas por toda la tierra? Vio cómo esos mismos brazos se extendían hasta herir y esas mismas manos y pies eran profanados por el pecado.

La Santísima Virgen se sumergió más profundamente en su insoportable dolor mientras se amplificaba la burla de su Hijo. Los hombres que echaban a suertes Sus vestiduras demostraban un desprecio por la vida humana y el decoro común. La piadosa tradición relata la posibilidad de que el manto que llevaba fuera confeccionado originalmente por María en su infancia. Esta vestidura especial creció con Él a lo largo de los años y mantuvo su integridad. Por lo tanto, era como las vestiduras y los za-

---

23 Faber, *The Foot of the Cross, or The Sorrows of Mary*, 325.
24 Faber, *The Foot of the Cross, or The Sorrows of Mary*, 325.

patos de los antiguos israelitas, de los que Moisés regis-
tró que no se habían desgastado ni destruido por el uso.[25]
La vestidura sin costuras que representa a la Iglesia Una,
Santa, Católica y Apostólica debe ser ganada ahora en un
juego de azar por aquellos que crucificaron a Cristo. ¿No
es éste el vestido por el que fue curada la mujer que ma-
naba sangre? ¿No es ésta una reliquia preciosísima que
vale más que todo el oro? Estas perlas de gran precio son
arrojadas a los cerdos.

En aquellas largas horas en la cruz, el único refrigerio que ella probó fue la conversión del ladrón penitente.
Qué maravilloso alivio, por imperfecto que fuera, para
ella, que podía ver al mismo tiempo el horrible coste de la
conversión de esta alma (a saber, la aterradora muerte de
su Hijo) y la alegría de su efecto. En contraste directo con
este ligero refrigerio, las penas de María se amontonaron
cuando el ladrón impenitente se mostró impasible ante el
sacrificio del Cordero de Dios. Cuántas gracias, cuántos
intentos de su ángel de la guarda, cuántas oportunidades
tuvo de arrepentirse, pero no quiso. Por la salvación de
las almas, nuestro Señor muere. Por la salvación de las
almas, la Virgen sufre con Él, y sin embargo este hombre, a pocos metros de distancia, rechaza el amor perfecto
que brota de las heridas de Jesús. "María vio su eternidad
ante ella como en una vista. De un vistazo captó el terror peculiar de su caso. De su corazón brotó un suspiro
por la pérdida de este pobre hijo desdichado, que tenía

---

25 "No se gastó el vestido que llevabas ni se hincharon tus pies a lo largo
de esos cuarenta años." (Deuteronomio 8:4.)

el suficiente dolor para reparar la ultrajada majestad de Dios, pero no el suficiente para ablandar el corazón del pecador".[26]

María fue testigo de cómo su Hijo rendía perfecta adoración al Padre en cada momento de su agonía. Lo vio volverse más frío, más blanco, con la respiración más pesada a medida que la muerte se acercaba. ¿Parecía interminable la cantidad de sangre que fluía, como es ilimitada la Misericordia comprada por Su Sangre? Jesús sufrió mucho más interiormente que exteriormente. No obstante, los sufrimientos de Su corazón eran visibles a los ojos de Su Madre. Ella conoció el consuelo de Dios que se mantuvo alejado de Él. Conocía los estragos que nuestros pecados causaban en Su alma. Conocía la lucha constante que sufría en su interior.

Incluso en esta muerte espantosa, ella se acercó más a su Hijo. ¿Alguna vez se parecieron tanto sus corazones como cuando ambos fueron desgarrados por el amor del otro? De nuevo, debemos considerar cómo el sufrimiento de María se sumó profundamente a los sufrimientos de Cristo. Solo el abandono del Padre fue más doloroso que su conocimiento del dolor de María. De hecho, algunos contemplativos afirman que los momentos de atención de Cristo a los dolores de María causaron tal dolor que todos los demás sufrimientos quedaron eclipsados. Sus corazones no eran más que uno, pero eran recíprocamente un instrumento de tortura para el otro.

---

26 Faber, *The Foot of the Cross, or The Sorrows of Mary*, 332.

Durante los años que le quedaban de vida, María debió oír resonar repetidamente en su alma estas palabras de Cristo: "Dios mío, Dios mío, ¿por qué me has abandonado?".[27]

El Padre Faber explica el significado oculto bajo estas palabras:

Sin embargo, fue el Padre, Aquel que representa toda la bondad, toda la indulgencia, toda la tolerancia, toda la dulzura, toda la paciencia, toda la paternidad en el Cielo y en la tierra, quien eligió aquel momento de intensa tortura, que la tormenta de agonías creadas empezaba a descascarar menos lastimosamente, porque ya era casi agotadora, para crucificar de nuevo, con una espantosa crucifixión interior, al Hijo de Su propia complacencia infinita. Con indecible esfuerzo, más allá de toda gracia jamás dada, excepto la gracia de Jesús, María elevó su corazón al Padre, unió su voluntad a la Suya en esta terrible extremidad, y, en cierto sentido, así como Él, abandonó a su Amado. Entregó el Hijo al Padre. Sacrificó el amor de la Madre por el deber de la Hija. No reconoció al Creador más que como último fin de la criatura. Lo había hecho al principio, en su primer dolor, la Presentación de Jesús, y lo consumaba ahora. ¡Oh, Madre! ¡Hasta dónde condujo a tu real corazón aquella exigente gloria de Dios! Vio a Jesús abandonado. Oyó el grito de su alma recién crucificada, traspasada por esta nueva invención de la justicia de su Padre. Y no

---

27 Mateo 27:46.

deseaba otra cosa. Lo tendría abandonado si era la voluntad del Padre. Y era Su voluntad.[28]

Mientras Cristo anunciaba el abandono del Padre, María se abandonaba perfectamente a la voluntad del Padre.

La muerte de Nuestro Señor marcó para María la universalidad del sufrimiento. ¿Quién puede contar las variaciones del dolor, el grado de angustia que sintió en aquellas tres horas? ¿Qué fibra de su cuerpo no se agotó? ¿Qué fibra de su fe no fue puesta a prueba? ¿Qué fibra de su alma no fue presionada por la intensidad de este misterio? Al lado de la cruz, se mantuvo firme en la fe, sostenida por la gracia, y permaneció junto a su Hijo. Nunca se derrumbó ni se rindió bajo el peso de la cruz. La Virgen manifiesta la fuerza y la ayuda de Dios en las situaciones más difíciles. Ella deja visiblemente claro que también está cerca de nosotros en nuestras pruebas; siempre está presente para ofrecernos el apoyo que necesitamos. Alabado sea Dios.

---

28 Faber, *The Foot of the Cross, or The Sorrows of Mary*, 345.

REFLEXIÓN

La espada de Simeón encontró su blanco en la crucifixión de Cristo. La muerte de Cristo es la crucifixión, la pasión y el martirio de María. San Anselmo observó: "Cualquier crueldad que se ejerció sobre los cuerpos de los mártires fue leve, o más bien fue como nada, comparada con la crueldad de la pasión de María". Aunque nunca podremos comprender plenamente, ni siquiera remotamente, el verdadero alcance de los dolores de María, debemos seguir penetrando más profundamente en este misterio mediante la meditación y la oración regulares. El tormento descrito es el precio del pecado.

¿Quién habría podido imaginar que el sabor del fruto prohibido sería la raíz de un dolor tan trágico?

¿Quién podría haber imaginado que el coste del pecado, que cometemos regularmente, es tan alto?

¿Hasta qué punto confesamos nuestros pecados? Al menos en teoría, ¿estamos dispuestos a soportar un gran dolor, perder un hijo, ser humillados o rechazados y perder nuestra carrera con tal de no cometer ni un solo pecado intencionadamente?

¿Exaltamos más la riqueza y las posesiones que el amor a Dios, echando así suertes con los soldados al pie de la cruz?

¿Predicamos "a Cristo crucificado" con San Pablo a través de la mortificación diaria?

¿Con cuánta aceptación, amor y buena voluntad llevamos nuestra cruz?

¿De qué manera utilizamos nuestros sufrimientos para una mayor conformidad con Cristo?

Así le consolamos.

El pecado, en su atrocidad, casi eclipsó la belleza de Dios en la cruz, pero el amor de Jesús y María hizo que incluso el sufrimiento, la oscuridad y la muerte fueran bellos. Dios, actuando a través de nosotros, puede hacer que incluso nuestras penas cotidianas se conviertan en algo precioso y en una corona de gloria eterna en el cielo. María sufrió en silencio.

¿Cultivamos nosotros el silencio?

¿De qué otro modo podemos estar unidos a la voluntad de Dios?

El silencio es el lenguaje de Dios, la voz del cielo y el medio en el que el Espíritu Santo respira y se mueve. El silencio de María en la cruz es un glorioso himno de amor a los oídos del Todopoderoso.

EL SEXTO DOLOR:

EL CUERPO DE CRISTO BAJADO DE LA CRUZ

A través de la humanidad de Cristo, se ofrece la salvación al mundo. Su Cuerpo, clavado en la cruz, cuelga sin vida mientras los signos de la muerte se hacen más evidentes. Los soldados no comprenden el valor de su muerte y el honor que deben al Cuerpo de Cristo. Sacrílegamente, clavan una lanza en Su costado para confirmar que "está consumado". El sacrificio es completo. El hecho de ver la condición del Cuerpo de Cristo, que salió de su seno virginal, tratado con tal irreverencia la hiere como si le clavaran la lanza en su propio costado. La Santa Madre presenció la sacudida al Cadáver y oyó el ruido de su carne desgarrada. La conmoción de este maltrato envió una nueva oleada de dolor que impregnó todo su ser.

Nuestro Señor es el Cordero inmaculado; por lo tanto, Sus piernas no debían ser quebradas como los otros dos hombres que murieron con Él. Más bien, Su corazón fue traspasado; agua y Sangre fluyeron. Este Sacratísimo Corazón se abrió a todos los que quisieran entrar. "Llamad, y se os abrirá".[29] La apertura de este Corazón es el comienzo de la apertura de las puertas del cielo. El agua y la sangre son los líquidos de la vida y de la salvación. Ambos son esenciales para la vida natural en la tierra. Los dos son esenciales para la vida eterna. El agua del Bautismo es el primero de los siete sacramentos. La Sangre de Cristo, la Eucaristía, es la cumbre de la fe cristiana porque enriquece nuestra unión con Cristo. Entre estos dos líquidos sagrados se encuentra toda la vida de la Iglesia. Incluso después de que la Palabra de Dios se separe de su Cuerpo humano, Dios sigue alimentando a sus ovejas con ella. Esta Sangre y esta agua bañan al soldado romano que empala insensiblemente el Cuerpo de su Salvador. En este momento, el corazón del soldado romano también es atravesado, no con una lanza, sino con el fruto del sacrificio de nuestro Señor. El soldado se aseguraba de que Cristo ya estaba muerto, pero hizo que la vida eterna brotara de Su costado. Su lanza fue transformada por el Corazón de Cristo en una llave que abrió la puerta del cielo. Su lanza hizo un agujero en el suelo del cielo, y la salvación se derramó en el mundo. El soldado forma parte de la inmensa multitud de almas que serán salvadas por estos dos mismos fluidos sagrados. Esta imagen no es más que un breve vistazo a todo lo que ocurrió en este dolor. Nuestra Señora experimentó cada elemento tormentoso; nada está oculto a su amor.

---

29 Mateo 7:7.

A medida que los hombres comenzaban a liberar los miembros de Jesús, María recibía los instrumentos que lo sujetaban a la áspera madera de la cruz. Ella sostuvo los clavos que sujetaban Su Cuerpo al madero, las herramientas utilizadas para hacer de esta cruz común el nuevo Árbol de la Vida. Sintió el metal endurecido, el tamaño y el peso de cada clavo. Ella no solo vio el efecto de estos instrumentos en las manos de los pecadores, sino que también los sostuvo en sus manos sin pecado. Ella estaba sin Su Hijo, que llevaba un Corazón que estaba perfectamente en unión con el suyo. A cada instante que pasaba, comprendía mejor el vacío de la vida sin Cristo. La soledad, cierta característica del sexto dolor, asolaba su vida interior e inundaba su experiencia.

Piensa en la profunda huella que debió quedar en la memoria de María cuando el Cuerpo inerte y sin vida de Nuestro Señor fue bajado lentamente de la cruz. Ella le dio ese Cuerpo y la llama de la vida humana que lo animaba. El pecado la apagó. Solo Ella comprendió su verdadero valor. Ella fue elevada por encima de todas las demás personas humanas cuando se le concedió la responsabilidad de desarrollar y nutrir este mismo Cuerpo en su propio vientre. Por lo tanto, la responsabilidad de cuidar de este Cuerpo brutalizado recae sobre ella. Su soledad se magnifica por el peso de esta responsabilidad. ¿Cuántas veces, durante los años que le quedaban de vida, repitió esta misma imagen en su memoria, en su contemplación y en sus oraciones? Cuánto tiempo habrá tardado en limpiar y preparar Su Cuerpo para la sepultura. ¿Recibió la corona de espinas o se la quitó ella misma? ¿Contó los agujeros hechos por las numerosas espinas? ¿Algunas de las espinas que atravesaron a Jesús la atravesaron a ella mientras las quitaba? ¿Cuántos trapos fueron necesarios para limpiar solamente el rostro golpeado e irreconocible de nuestro Salvador? ¿Cuánta de Su santa Sangre se desprendió de Sus cabellos empapados? Ella repuso los pedazos de carne que apenas colgaban de Su Cuerpo. Ella vio las costillas expuestas que ocultaban el corazón que bombeaba salvación al mundo.

El tierno amor que la Virgen expresó al preparar el Cuerpo de Cristo superó con creces el miserable odio expresado al poner Su Cuerpo en ese estado. El tierno amor con que la Virgen trató aquel vaso sagrado de la segunda Persona de la Santísima Trinidad fue mayor que el amor de todos los demás santos juntos. Nada se acercó tanto a una justa reparación por las ofensas contra Nuestro Señor como el amor de Su Madre.

Existe una conexión real entre el Cuerpo sin vida de Cristo y el Santísimo Sacramento, que nos da la vida eterna. ¿Tenía ella una visión de todas las formas en que sus sacerdotes, sus hijos especiales, maltratarían la Eucaristía en el futuro? ¿Vio cuántos de ellos consagrarían el pan y el vino en estado de pecado mortal, o cuántos "comerían y beberían el juicio" sobre sí mismos mediante Comuniones sacrílegas?[30] ¿Cómo fue que nuestro Señor se entregó a los brutales romanos? ¿Cómo es que nuestro Señor

---

30 1 Corintios 11:29.

todavía se entrega a nosotros, cristianos indignos, en la Sagrada Comunión?

REFLEXIÓN

María es un modelo para nosotros en los momentos de dolor. Está cerca del que sufre. Sufre con nosotros. ¿Sufrimos con los demás?

¿Usamos nuestros sufrimientos como un óleo digno y santo para ungir el Cuerpo de Cristo?

¿Crecemos en el amor a Dios por nuestros sufrimientos, o nos hacen volvernos hacia dentro y revolcarnos en la autocompasión?

¿Cómo nos ayuda este dolor en nuestra participación en la Misa? Es el sacrificio real y verdadero que Jesús nos hizo presente.

¿Cómo afecta este dolor a nuestra propia adoración a Dios realmente presente en la Eucaristía? Hemos de esforzarnos continuamente por preparar nuestras almas, mentes, cuerpos y corazones para recibirlo dignamente y bien.

¿Calentamos la frialdad de nuestro corazón y nos esforzamos por renunciar a las distracciones de nuestra mente antes y mientras le recibimos? Así como fue precioso el Cuerpo sin vida de Cristo después de su muerte, tanto más valiosa es la Sagrada Eucaristía. Su Cuerpo no se unió a su alma humana ni a su divinidad después de su muerte hasta la resurrección al tercer día. La Eucaristía, sin embargo, es el Cuerpo, la Sangre, el Alma y la Divinidad de Jesucristo.

¿Estamos dispuestos a retrasar nuestros deberes cotidianos para dedicar unos minutos antes de la Eucaristía en los que podamos acompañar a la Santísima Virgen en la adoración de nuestro Salvador?

EL SÉPTIMO DOLOR:

EL ENTIERRO DEL CUERPO DE JESÚS

E l padre Faber reflexionó: "Fue al salir de la tumba cuando empezó su primer desamparo".31 La tensión de dejar atrás el Cuerpo de Cristo en el vientre de la tierra fue una fuente devastadora de angustia para María. María ya había sufrido por la falta de sueño, la escasez de alimentos y la tensión en su cuerpo causada por la larga pasión de Cristo. El dolor de María superaba incluso el conocimiento de los ángeles.32 La culminación de los dolores anteriores encuentra toda su fuerza en este dolor. Al menos, al sufrir con Cristo durante Su pasión, Él estaba cerca. Lo tenía a Él o a Su Cuerpo presente. Pero este dolor la dejó vacía, silenciosa y sin consuelo. Hubiera preferido morir con su Hijo, si hubiera sido la voluntad de Dios. En ningún momento deseó nada contrario a Su voluntad; sin embargo, sufrir con Él era más fácil que sufrir sin Él.

---

31 Faber, *The Foot of the Cross, or The Sorrows of Mary*, 445.
32 Faber, *The Foot of the Cross, or The Sorrows of Mary*, 447.

Hay mucha semejanza entre este dolor y el tercero. Una vez más, se encontró arrancada del centro mismo de su existencia. Se quedó sin consuelo y sin forma de amortiguar la angustia de la penetración de la espada. "No hay oscuridad como un mundo sin Jesús... la ausencia de Jesús es, por así decirlo, una participación en el dolor más penoso del infierno".[33]

Aunque la tercera se considera generalmente la mayor de sus penas en cierto sentido, al menos tenía a alguien a quien buscar. Sin embargo, en este dolor no tenía adónde ir, a nadie a quien buscar, ni ningún deber que cumplir para con su Hijo. En el tercero, había una ignorancia que Dios permitió que se apoderara de ella. Ella no entendía por qué Cristo permanecía en Jerusalén; sin embargo, en la séptima, lo sabía todo. Sabía dónde estaba y por qué se había ido. ¿Qué se siente al estar fuera del alcance del consuelo?

En el último dolor, ella todavía tenía obligaciones con Jesús al cuidar los restos andrajosos de Su Cuerpo. A medida que la gran piedra cerraba la entrada de la tumba y la separaba del Cuerpo de su Hijo, su creciente soledad se fue convirtiendo en desolación.[34] Era su hogar, su vida y el centro de su existencia. No había comida que pudiera darle la fuerza necesaria para soportar esta carga. Ninguna casa podía protegerla de esta tormenta de devastación. Ninguna compañía podía salvarla de este aislamiento.

---

33 Faber, *The Foot of the Cross, or The Sorrows of Mary*, 488.
34 Faber, *The Foot of the Cross, or The Sorrows of Mary*, 462.

Para quien está plenamente consagrado a Dios, el mundo no ofrece ningún remedio o calmante que pueda apaciguar el alma.

La correlación entre el séptimo dolor y la infancia de Jesús aumenta la amargura de la agonía de María. Ella colocó Su Cuerpo y arregló las vestiduras funerarias, así como lo había colocado en el pesebre y lo había envuelto con ropas. ¿Hizo para Él las vestiduras mortuorias como había hecho para Él el vestido con el que fue envuelto? Su alegría fue completa al contemplar a su Hijo en el pesebre. Su dolor fue completo cuando lo contempló en el sepulcro pocos momentos antes de dejar atrás Su Cuerpo.

María estuvo rodeada de recuerdos de Jesús, que le impidieron cualquier momento de solaz. Los discípulos de Cristo, que a lo largo de sus años de discipulado se fueron pareciendo cada vez más a Él, le recordaban a su Hijo. Ella recordaba a Jesús por la presencia de San Juan, la compunción de Santa María Magdalena, la predicación de San Pedro, las historias de sus milagros. El Padre Faber afirma: "Todo su ser estaba empapado de amargura. Las espadas de su alma alcanzaban cada nervio y fibra de su cuerpo".[35]

A pesar de todo este tormento, siguió siendo fuente de consuelo para San Juan, Santa María Magdalena, San Pedro y muchos otros. La medida de gracia y belleza en su alma era incomparable y casi sin medida. A pesar de todo este mal y de todos los sufrimientos que se abatieron

35 Faber, *The Foot of the Cross, or The Sorrows of Mary*, 20.

sobre su corazón, nunca perdió la más mínima medida de bondad. Nunca perdió la más mínima compasión por los demás. No se evaporó ni una sola gota del océano de altruismo que residía en su alma. Cumplía ya perfectamente su papel de Madre de todos los cristianos, a pesar del dolor inefable que le causaba ser la Madre de Jesús.

REFLEXIÓN

¿Estamos tranquilos en el tumulto de la angustia?

La amabilidad en nuestras penas es una medicina de consuelo para nosotros. ¿Hasta qué punto estamos dispuestos a complacer a los demás incluso cuando es duro?

Con frecuencia, el dolor hace que las personas piensen solo en sí mismas y solo en la pérdida. María nos da el método del sufrimiento cristiano.

¿Qué o a quién amamos más en este mundo? ¿Es a Dios? ¿Usamos nuestras dificultades como justificación de nuestro amor propio o como instrumento para un mayor amor verdadero?

La autocompasión es un arma muy destructiva del enemigo. Nos enseña a atraer la atención de los demás hacia nosotros mismos. Nos proporciona una excusa para perder el tiempo y distraernos de la voluntad de Dios. Espada tras espada penetraron en el Corazón Inmaculado de Nuestra Señora, pero ella nunca se apartó de la voluntad de Dios, nunca abandonó su servicio a los demás, nunca contó el coste. Abandonó el sepulcro para continuar la misión de Cristo.

STELLA MARIS

(ESTRELLA DEL MAR)

Cuando te veas en la corriente del tiempo, zarandeado entre el viento y las olas, en vez de pisar la tierra firme, mira a la Estrella: grita: "¡María!".

Cuando el orgullo, o la ambición, o la calumnia, o la envidia, como las olas salvajes, te zarandeen de aquí para allá, mira a la Estrella: ¡llama, "María"!

Cuando tu corazón, con la ira o los deseos pecaminosos, sea azotado como una pequeña nave en una tempestad, entonces mira a la Estrella: ¡llama, "María"!

Cuando la grandeza de tus pecados te aflija, o el horror de tu conciencia te avergüence, y empieces a sentirte preso de la desesperación, como en un torbellino, arrastrado hacia el abismo, mira a la Estrella: ¡llama a María!

En el peligro, en la angustia, en las dudas, piensa en María, invoca a María: que su nombre esté siempre en tus labios, que permanezca siempre en tu corazón.

Mas para ganar su intercesión, no te apartes del modelo de su vida. Síguela, y nunca te extraviarás; invócala, y no desfallecerás; piensa en ella, y no juzgarás falsamente. Si ella te lleva de la mano, no podrás caer; si ella te protege, no conocerás el miedo; bajo su guía nunca te cansarás; con su favor aterrizarás feliz. Así aprenderás, en ti mismo, cuán cierto es lo que está escrito: "Y el nombre de la Virgen era María; es decir, Estrella del mar".[36]

---

36 Lasance, *Our Lady Book*, 291.